MODERN COOKING
ANTJE KÜTHE

BACKVERGNÜGEN MIT
FERTIGTEIG
PIKANT & SÜSS

- Einfach, schnell und trendy
- Mit Erfolgsgarantie für gutes Gelingen

AUGUSTUS

DIE PALETTE DER FERTIGTEIGE
- 4 Aus der Gefriertruhe
- 5 Aus dem Kühlregal

FANTASIEVOLL VARIIEREN
- 6 Glänzendes Finish mit Glasuren
- 6 Aromatisch mit Kräutern und Gewürzen
- 7 Zum Dahinschmelzen mit Käse

Fingerfood
PIKANTE SNACKS
- 10 Parmesan-Hippen mit Guacamole
- 11 Gefüllte Blätterteigplätzchen
- 13 Kleines Tapas-Trio im Teigmantel
- 14 Teigkörbchen mit Garnelensalat
- 15 Bunte Mini-Pizzen
- 16 Shiitake-Säckchen
- 18 Bauern-Burger
- 19 Hefe-Gnocchi mit Kräutersalz
- 20 Frittierte Oliven mit Aïoli
- 21 Kleine Calzone mit Thunfischfüllung
- 23 Sesam-Bagels mit Frischkäsecreme
- 24 Gefüllte Teigröllchen
- 25 Pesto-Ecken mit Räucherlachs
- 26 Schinkenschnecken mit grünem Pfeffer
- 27 Frühlingsrollen

INHALTSVERZEICHNIS

Partytime
HERZHAFTES VOM BLECH
- 30 Pizza Piccante
- 31 Zwiebelkuchen
- 32 Kartoffel-Tortilla-Kuchen mit Shrimps
- 33 Spaghetti-Pizza mit Artischocken

35 Provenzalisches Fladenbrot
36 Sauerkraut-Quiche
37 Spargel-Tarte

Verführerisch
SÜSSES KLEINGEBÄCK
40 Erdnuss-Muffins
41 Pinienkern-Croissants
  mit Amarenakirschen
42 Popcorn-Taler
43 Florentiner
44 Teigtaschen mit Quarkfüllung
45 Zimtöhrchen
47 Erdbeer-Kokos-Törtchen
48 Honig-Teegebäck
49 Dattelplätzchen

Die Renner
SAFTIGE KUCHEN, PIES UND TARTES
52 Zwetschgenkuchen
53 Schoko-Napfkuchen mit Mintaroma
54 Apple Pie
55 Lemon Pie mit Heidelbeeren
56 Kirschkuchen »Surprise«
57 Quark-Mohnkuchen mit
  Granatapfelkernen
59 Marzipan-Tartes mit Beeren
60 Mandeltorte mit Backpflaumen
61 Orangen-Tarte
62 Aprikosen-Ricotta-Kuchen

64 Impressum
64 Rezepteregister

ABKÜRZUNGEN
EL = Esslöffel
TL = Teelöffel
l = Liter
ml = Milliliter
kg = Kilogramm
g = Gramm
cm = Zentimeter
mm = Millimeter
Pck. = Päckchen
Msp.= Messerspitze
Ø = Durchmesser
TK- = Tiefkühl...
°C = Grad Celsius

Fertigteige sind für schnelle und ungeübte Bäcker eine praktische Hilfe. Der Backspaß ist ungetrübt, denn die Grundteige lassen noch genügend Spielraum für Kreativität und Fantasie beim Belegen, Füllen und Untermixen. Um ein gutes Backergebnis zu erzielen, sollten Sie die Packungsanleitungen parallel zu unseren Rezepten genau durchlesen, da die Teige verschiedene Handhabungen erfordern und spezielle Backzeiten haben.

AUS DER GEFRIERTRUHE
BLÄTTERTEIG

Blätterteig lässt sich problemlos ausrollen, formen und füllen und eignet sich für süßes und pikantes Backen. Die Teigplatten sind in maximal 15 Minuten aufgetaut und können sofort verarbeitet werden. Wird der Teig nicht gleich verarbeitet, muss er abgedeckt werden, damit er nicht austrocknet. Den Teig nicht kneten und beim Ausrollen kaum Mehl verwenden. Der Belag bzw. die Füllung sollte nicht zu schwer und feucht sein, da der Teig blättrig aufgehen soll. Um Feuchtigkeit aufzusaugen, den Teig mit Grieß bestreuen.

HEFETEIG

Die Triebkraft der Hefe ist durch das Einfrieren nur gestoppt worden, deshalb nach dem Auftauen des Teiges die Zeit (etwa 1 Stunde) zum Gehen einkalkulieren. Nur dann wird das Gebäck herrlich locker. Hefeteig kann süß oder herzhaft verarbeitet werden.

PIZZATEIG

Dieser Teig enthält ebenfalls Hefe und muss vor dem Backen bei Raumtemperatur gehen.

TEIG FÜR FRÜHLINGSROLLEN

Die hauchdünnen Teigblätter sind als Block abgepackt und nur in Asiengeschäften erhältlich. Es gibt sie in den Größen 12,5 x 12,5 cm und 21,5 x 21,5 cm. Den Teigblock antauen lassen und die Teigblätter ablösen. Übrige Teigblätter lassen sich problemlos wieder einfrieren. Der Teig, beliebig gefüllt, eignet sich zum Frittieren, Braten und zum Backen.

DIE PALETTE DER FERTIGTEIGE

TEIG FÜR WAN TAN

Die Teigblätter (10 x 10 cm) sind minimal dicker als die der Frühlingsrollen. Sie sind ebenfalls als Block abgepackt und in Asiengeschäften erhältlich. Damit verfahren wie bei dem Frühlingsrollenteig beschrieben. Zum Dämpfen und Frittieren geeignet.

AUS DEM KÜHLREGAL
Die nachstehenden vier Frischteige sind als rechteckige Packung erhältlich.

MÜRBETEIG
Dieser Teig ist ausschließlich für süßes Backwerk, sowohl für Obstkuchen und zarte Plätzchen, geeignet.

RÜHRTEIG
Die Basis für Kasten-, und Napf- und Obstkuchen. Herrlich zum Abwandeln mit getrockneten oder frischen Früchten und Nüssen. Der Teig kann nach dem Backen noch mit Schnaps getränkt werden.

PIZZA- UND SNACKTEIG
Beide Teigsorten sind ideal für alles Pikante von der Pizza bis hin zu herzhaften Kuchen, Gemüsetorten und Quiches. Aus dem Snackteig lässt sich prima Salz- oder Käsegebäck zubereiten.

FRISCHTEIG VON DER ROLLE
So einfach und schnell kann Backen sein: Die dünne Teigplatte ist bereits ausgerollt und hat einen Durchmesser von 32 cm. Es gibt sie als Pizza-, Mürbe- und Blätterteig. Nicht zu üppig belegen.

FRISCHTEIG AUS DER DOSE
Für individuelles Backvergnügen besonders geeignet, da Sie den Teig nach Geschmack belegen oder füllen können.

YUFKA-TEIGBLÄTTER
Die papierdünn ausgerollten Teigblätter kennt man sowohl in der Türkei (unter der Bezeichnung Yufka) und in Griechenland unter dem Namen Fillo-Teig. Sie sind entweder kreisrund ausgerollt oder in dreieckige Teigblätter geschnitten. Die großen Teigblätter werden für pikante Pasteten, z. B. mit Spinat und Hackfleischfüllung, aber auch für süßes Backwerk verwendet. Typisch ist die Verwendung von mehreren Schichten, zwischen denen sich die Füllung verbirgt. Die Teigdreiecke nimmt man für türkische Teigröllchen, die mit Schafskäse oder Spinat gefüllt werden. Am besten lässt sich der Frischteig (es gibt auch getrocknete Teigblätter) verarbeiten, da er geschmeidig ist. Allerdings können übrige Teigblätter nicht wieder eingefroren werden. Der Teig wird brüchig.

BACKTIPPS
TEIG ZUSAMMENKLEBEN
Damit gefüllter Teig beim Backen nicht aufplatzt, bepinselt man den Teig mit Eiweiß oder Wasser, bevor er über der Füllung zusammengedrückt wird.

NATÜRLICH GLÄNZEND
Teig bekommt einen schönen Glanz, wenn er vor dem Backen mit verquirltem Eigelb oder Milch bestrichen wird.

EIER ZUM BACKEN
Für unsere Rezepte werden mittelgroße Eier (Gewichtsklasse M) verwendet.

GLÄNZENDES FINISH MIT GLASUREN

Um süßes Gebäck vor dem Austrocknen zu schützen, wird es mit einem Guss überzogen, das verleiht Glanz und gibt zusätzlich noch Geschmack. Zum Verzieren eignen sich Nüsse, Kerne und Kokosraspel, Schokoladen- und Zuckerstreusel.

SCHOKOLADENGLASUR

Für einen feinen Überzug sorgt Kuvertüre. Es gibt sie in den Varianten Vollmilch, Halbbitter und als weiße Kuvertüre. Kuvertüre enthält einen höheren Anteil an Kakaobutter als normale Schokolade, sie schmilzt leichter und lässt sich besser verarbeiten. Damit die Glasur nicht stumpf und grau wird, muss Kuvertüre über dem heißen Wasserbad richtig »temperiert« werden. Die Kuvertüre zuerst in kleine Stückchen schneiden – sie schmilzt dann schneller und gleichmäßiger. Die Schokoladenstückchen in eine Schüssel geben und über einem Wasserbad bei milder Hitze unter Rühren schmelzen. Anschließend abkühlen lassen und erneut bei milder Hitze (36 °C) erwärmen. Einfacher in der Handhabung sind Kuchenglasuren, die es in den Geschmacksrichtungen Vollmilch, dunkle Schokolade und Haselnuss gibt.

ZUCKERGUSS

Auf 250 Gramm Puderzucker (immer gesiebt anrühren) rechnet man etwa 5 bis 6 Esslöffel Flüssigkeit. Nach Belieben können Sie Zitronen- oder Orangensaft, Rum, Branntweine, Fruchtsaft oder -sirup, Likör oder Kaffee verwenden.

MARMELADE UND GELEE

Um Kuchen mit Obstbelag zu »versiegeln« sind neben Tortenguss Marmelade und Gelee gut geeignet, da sie nur als dünner Überzug aufgetragen werden. 4 gehäufte Esslöffel Marmelade oder Gelee werden

FANTASIEVOLL VARIIEREN

mit 1 bis 2 Esslöffeln Flüssigkeit (Wasser oder Schnaps) unter Rühren aufgekocht. Heiß über die Früchte geben. Marmelade mit Fruchtkernchen sollten Sie vor dem Auftragen durch ein Sieb streichen.

AROMATISCH MIT KRÄUTERN UND GEWÜRZEN

Fertigteige fantasievoll zu würzen ist einfach, garantiert Abwechslung und sorgt für ein raffiniertes Geschmackserlebnis.

MITTELMEERKRÄUTER

Rosmarin, Thymian, Salbei, Oregano und auch Majoran sind hitzeverträglich und entfalten ihr Aroma erst bei hohen Temperaturen. Um den Effekt noch zu verstärken, die Kräuter vor dem Verarbeiten im Teig oder zum Bestreuen kurz in etwas Öl andünsten. Klassisches Pizzagewürz ist Oregano, Experimente mit anderen Kräutern sind durchaus pizzatauglich. Die Kräuter können miteinander gemischt werden. Empfehlenswert sind frische Kräuter, aber auch getrocknete erfüllen beim Backen ihren Zweck.

AUS DEM GEWÜRZBORD

Herzhafte Kuchen und Hefegebäck bekommen mit Kümmel, Anis, Kardamom, Muskatnuss oder Cayennepfeffer eine raffinierte Note. Für süßes Backwerk sind Zimt, Vanille, aber auch Anis und Muskatnuss geeignet.

ASIATISCH SCHARF

Geschrotete Chilischoten oder eine Messerspitze Sambal Oelek bringen Schärfe, Ingwer sorgt für Schärfe und Aroma, frisches Koriandergrün schafft unvergleichliches Asienaroma. Nehmen Sie nur frischen Ingwer. Er wird geschält, gerieben oder fein gewürfelt. Ein walnussgroßes Stück ist ausreichend.

ZUM DAHINSCHMELZEN MIT KÄSE

Käse verleiht herzhaftem Gebäck eine pikante Note. Ideal, um Käsereste aufzubrauchen.

ZUM ÜBERBACKEN

Für eine goldbraune Kruste nehmen Sie Käse mit mindestens 45 % Fett i.Tr. Gut geeignet sind kräftige Sorten wie mittelalter Gouda, Emmentaler oder Greyerzer. Neutral sind Mozzarella, mild ist Raclettekäse. Beide Sorten lassen sich nicht reiben und werden einfach in Scheiben aufgelegt. Für knusprig frisches Käsegebäck Blätterteig mit Eigelb bepinseln und mit Käse bestreut backen.

ZUM FÜLLEN

Edelpilzkäse, wie Roquefort oder Gorgonzola, sind sehr pikant und haben einen intensiven Eigengeschmack. Sie sind als Innenleben für Hörnchen oder Taschen aus Blätter- oder Snackteig vortrefflich. Gut geeignet sind ferner Feta- und Ziegenkäse sowie Camembert und Briekäse. Käse ist harmonisch in der Verbindung mit Tomate (hier nur das Fruchtfleisch nehmen, da die Füllung sonst zu wässrig wird), Champignons und Gemüse wie Spinat, Möhre, Sellerie, Kohlrabi, Spargel, Brokkoli.

FINGERFOOD

PIKANTE SNACKS

PARMESAN-HIPPEN MIT GUACAMOLE

Für 48 Stück

Arbeitszeit: ca. 30 Minuten
Auftauzeit: 45–60 Minuten
Backzeit: 4–5 Minuten

1 Pck. TK-Teigblätter für Frühlingsrollen, 12,5 x 12,5 cm (erhältlich in Asiengeschäften)
100 g alter Parmesan
etwas Olivenöl
grober Pfeffer
1 reife Avocado
125 g Joghurt
Saft von 1/2 Zitrone
1 Zwiebel
2 Knoblauchzehen
1 Tomate
1/2 TL Sambal Oelek
Salz

1. Die Teigblätter 45 bis 60 Minuten antauen lassen. 24 Teigblätter entnehmen. Die übrigen wieder einfrieren und anderweitig verwenden. Den Parmesan reiben.
2. Den Backofen auf 220 °C (Gas Stufe 4–5, Umluft 200 °C) vorheizen. Ein Backblech mit Backpapier auslegen. Die Teigblätter diagonal durchschneiden. Auf das Backblech legen und den Teig dünn mit Olivenöl bepinseln. Mit dem Parmesan bestreuen und mit grobem Pfeffer würzen. 4 bis 5 Minuten backen.
3. Die Avocado halbieren und den Stein entfernen. Das Fruchtfleisch herauslöffeln und mit dem Joghurt und Zitronensaft pürieren. Zwiebel und Knoblauch abziehen und sehr fein würfeln. Die Tomate waschen und würfeln, dabei die Kernchen entfernen. Zwiebel, Knoblauch, Tomate und Sambal Oelek unter die Avocadocreme rühren und mit Salz abschmecken. Zu den Parmesan-Hippen reichen.

SERVIERTIPP
Der Snack wird mit Oliven und Kapernäpfeln, die Sie in Schüsselchen dazu reichen, komplett.

1. Die Blätterteigplatten nebeneinander legen und ca. 15 Minuten auftauen lassen. Zucchino und Tomaten in dünne Scheiben schneiden. Salzen. Den Parmesan blättrig hobeln, die Basilikumblättchen abzupfen.
2. Den Backofen auf 200 °C (Gas Stufe 3–4, Umluft 180 °C) vorheizen. Jeweils 3 Blätterteigplatten übereinander legen und auf leicht bemehlter Fläche etwa 1,5 mm dünn ausrollen. Die gleiche Anzahl Kreise von 6 cm Ø und 7 cm Ø ausstechen.
3. Die kleineren Kreise auf ein mit Backpapier ausgelegtes Backblech legen. Jeweils 1 Zucchinischeibe darauf legen. 1 bis 2 Kapern und Basilikumblättchen darauf verteilen. Mit etwas Parmesan bestreuen. Mit 1 Tomatenscheibe abdecken.
4. Das Ei trennen. Die übrigen Teigkreise mit Eiweiß bepinseln und auf die Füllung legen und andrücken. Eigelb und Milch verquirlen. Den Teig damit bepinseln. 10 bis 12 Minuten backen.

1 Pck. (450 g) TK-Blätterteig
1 Zucchino
4 kleine Tomaten
Salz
50 g Parmesan
einige Stiele Basilikum
1 EL Kapern
1 Ei (M)
2 EL Milch

GEFÜLLTE BLÄTTERTEIGPLÄTZCHEN

Für etwa 30 Stück

Arbeitszeit: ca. 30 Minuten
Auftauzeit: ca. 15 Minuten
Backzeit: 10–12 Minuten

VARIANTE
Für die Füllung statt Tomaten und Zucchino fein geschnittenen grünen Spargel nehmen.

1. Die Dose nach Anweisung öffnen und den Teig entrollen. Den Teig mit Cayennepfeffer bestreuen. Quer in 2 bis 3 cm breite Streifen schneiden. Dann nochmals längs halbieren.
2. Den Backofen auf 200 °C (Gas Stufe 3–4, Umluft 180 °C) vorheizen. Die Frühlingszwiebeln putzen, abspülen und in 16 etwa 4 cm lange Stücke schneiden. Die Backpflaumen mit 1 Mandel und 1 Speckstreifen füllen. Die Datteln aufschneiden, entkernen und ebenfalls mit 1 Mandel und 1 Stück Speck füllen.
3. Auf 16 Teigstreifen jeweils 1 Stück Frühlingszwiebel und 1 Cocktailwürstchen legen. Auf die restlichen Teigstreifen jeweils 1 Dattel bzw. 1 Backpflaume legen. Den Teig mit Eiweiß bepinseln und über der Füllung zusammendrücken. Mit der Nahtseite nach unten auf ein mit Backpapier ausgelegtes Backblech legen und 14 bis 16 Minuten backen.

1 Dose (250 g) Pizzateig aus dem Kühlregal
Cayennepfeffer
1 Bund Frühlingszwiebeln
16 entsteinte Backpflaumen
32 ganze Mandeln
32 dickere Streifen (ca. 2 cm lang) Frühstücksspeck
16 frische Datteln
16 Cocktailwürstchen
1 Eiweiß

KLEINES TAPAS-TRIO
IM TEIGMANTEL

Für 8 bis 10 Portionen

Arbeitszeit: ca. 25 Minuten
Backzeit: 14–16 Minuten

GETRÄNKETIPP
Dazu einen gut gekühlten, trockenen Sherry reichen.

TEIGKÖRBCHEN MIT GARNELENSALAT

Für 12 Stück

1 Pck. TK-Teigblätter für Frühlingsrollen, 12,5 x 12,5 cm (erhältlich in Asiengeschäften)
100 g Zuckerschoten
200 g grüner Spargel
4 EL Salatmayonnaise
etwas Zitronensaft
Salz
rosa Pfeffer, geschrotet
etwas Butter
1 Eiweiß
1 Hand voll Friséesalat
200 g Tiefseegarnelen, gekocht, ohne Schale
einige Kerbelblättchen
Zitronenschnitze

1. Die Teigblätter 45 bis 60 Minuten antauen lassen. 24 Teigblätter entnehmen. Die übrigen können wieder eingefroren werden.
2. Zuckerschoten und Spargel abspülen. Spargelenden abschneiden, Zuckerschoten putzen. Spargel in Stücke schneiden. Zuckerschoten 1 Minute, Spargel 3 Minuten blanchieren. Abgießen, abschrecken und abtropfen lassen. Die Mayonnaise mit Zitronensaft, Salz und Pfeffer abschmecken.
3. Den Backofen auf 200 °C (Gas Stufe 3–4, Umluft 180 °C) vorheizen. Die Mulden eines Muffinblechs mit Butter auspinseln. 12 Teigblätter mit Eiweiß bepinseln, jeweils 1 Teigblatt darauf legen. Erneut mit Eiweiß bepinseln. Teigblätter in die Mulden drücken. 8 bis 10 Minuten backen.
4. Den Salat waschen und trockentupfen, mit Garnelen und Gemüse mischen. In die Teigkörbchen geben. Etwas Mayonnaise darauf verteilen. Mit Kerbel und Zitrone garnieren.

Arbeitszeit: ca. 30 Minuten
Auftauzeit: 45–60 Minuten
Backzeit: 8–10 Minuten

TIPP
Die Teigkörbchen erst kurz vor dem Servieren füllen, damit der Teig nicht zu schnell durchweicht.

1. Die Pizzateigplatten nebeneinander legen und 20 bis 30 Minuten auftauen lassen. Die Tomaten waschen und in Scheiben schneiden. Die Champignons säubern und blättrig schneiden.
2. Den Backofen auf 200 °C (Gas Stufe 3–4, Umluft 180 °C) vorheizen. Den Pizzateig auf leicht bemehlter Fläche 2 mm dick ausrollen. Kreise von 6 cm Ø ausstechen. Auf ein mit Backpapier ausgelegtes Backblech legen.
3. Tomatenmark mit Olivenöl, Pizzagewürz, Salz und Pfeffer verrühren. Den Teig damit bepinseln. Beliebig mit den vorbereiteten Zutaten, Krabbenfleisch und Salami belegen. Die Zutaten leicht andrücken. Den Gratinkäse darüber streuen. 12 bis 15 Minuten backen.

1 Pck. (450 g) TK-Pizzateig
2 Tomaten
50 g Champignons
3 EL Tomatenmark
2 EL Olivenöl
2 TL Pizzagewürz
Salz, Pfeffer
50 g Krabbenfleisch
50 g Salamischeiben
100 g Gratinkäse (gerieben)

BUNTE MINI-PIZZEN

Für etwa 40 Stück

Arbeitszeit: ca. 20 Minuten
Auftauzeit: 20–30 Minuten
Backzeit: 12–15 Minuten

TIPP

Für die Zubereitung von bunt belegten Mini-Pizzen lassen sich gut Aufschnittreste von Schinken, Mett- und Cervelatwurst oder Fleischwurst aufbrauchen.

1 Pck. TK-Wan-Tan-Teigblätter (erhältlich in Asiengeschäften)
12 kleine, frische Shiitake-Pilze
1 EL Pflanzenöl
1 Knoblauchzehe
50 g Katenschinken
1 kleine Zwiebel
100 g Doppelrahm-Frischkäse
1 Msp. Sambal Oelek
Frittierfett
1 Eiweiß

1 Die Teigblätter 45 bis 60 Minuten antauen lassen. 12 Teigblätter entnehmen. Die übrigen wieder einfrieren und anderweitig verwenden.

2 Die Pilze säubern und die Stiele entfernen. Das Pflanzenöl erhitzen und die Pilze darin einige Sekunden scharf anbraten. Den Knoblauch pellen und dazu pressen. Den Katenschinken fein würfeln. Die Zwiebel abziehen und fein würfeln. Den Frischkäse mit Sambal Oelek, Schinken und Zwiebel vermischen.

3 Frittierfett auf 175 °C erhitzen. Jeweils 1 Teelöffel der Füllung auf die Unterseite der Pilze drücken. Die Pilze auf ein Teigblatt legen und die Teigblätter mit Eiweiß bepinseln. Das Teigblatt über dem Pilzkopf zusammendrehen. Im heißen Fett goldbraun frittieren. Zum Abtropfen auf Küchenpapier legen.

SHIITAKE-SÄCKCHEN
Für 12 Stück

Arbeitszeit: ca. 30 Minuten
Auftauzeit: 45–60 Minuten

SERVIERTIPP
Die Shiitake-Säckchen als Vorspeise oder als kleinen Snack mit frischem Blattsalat, der mit einer Essig-Öl-Marinade angemacht ist, anrichten.

1 Dose (250 g)
Bauern-Brötchen
aus dem Kühlregal
1 Eiweiß
1 TL Majoran (frisch
oder getrocknet)
400 g Schweinemett
Salz, Pfeffer
3 EL Pflanzenöl
2 Zwiebeln
2 EL Remoulade
2 EL scharfer Senf
4 Salatblätter
4 Scheiben Gouda

VARIANTE

Die Bauern-Burger werden zu Fisch-Burgern, wenn Sie die Mettfrikadelle und den Käse durch geräucherte Makrele ersetzen.

1. Den Backofen auf 200 °C (Gas Stufe 3–4, Umluft 180 °C) vorheizen. Die Dose mit den Brötchen nach Anweisung öffnen und die Brötchen auf ein Backblech legen. Mit dem Handballen etwas flacher drücken. Mit dem Eiweiß bepinseln und mit Majoran bestreuen. 18 bis 20 Minuten backen. Die Brötchen auf einem Rost auskühlen lassen.
2. Das Schweinemett mit Salz und Pfeffer vermengen. 4 Frikadellen formen. 2 Esslöffel Pflanzenöl erhitzen und die Frikadellen darin von beiden Seiten braten. Die Zwiebeln abziehen und in Ringe schneiden. Das restliche Pflanzenöl erhitzen und die Zwiebelringe darin hellbraun braten.
3. Remoulade und Senf verrühren. Die Brötchen aufschneiden und die Brötchenhälften mit der Senfremoulade bestreichen. Jede Unterhälfte mit einem Salatblatt, einer Frikadelle, Zwiebeln und Käse belegen, die Oberhälfte darauf legen.

BAUERN-BURGER

Für 4 Stück

Arbeitszeit: ca. 20 Minuten
Backzeit: 18–20 Minuten

1. Die Teigplatten nebeneinander legen und 20 bis 30 Minuten auftauen lassen. Den Teig durchkneten und 30 bis 40 Minuten bei Zimmertemperatur abgedeckt ruhen lassen.
2. Die Kräuter abspülen. Rosmarinnadeln und Thymianblättchen abzupfen. Rosmarin hacken. Die Knoblauchzehe abziehen und fein hacken.
3. Den Hefeteig auf bemehlter Fläche etwa 1 cm dick ausrollen. In kleine Teigstücke (etwa 2 x 1 cm) schneiden. Das Olivenöl portionsweise in einer versiegelten Pfanne erhitzen und die Teigstücke darin braun braten.
4. Kräuter und Knoblauch in etwas Olivenöl kurz anschwitzen. Die Hefe-Gnocchi mit der Kräutermischung und dem Salz mischen.

🕐 **Arbeitszeit: ca. 20 Minuten**
Auftau- und Ruhezeit:
ca. 1 Stunde und 20 Minuten

SERVIERTIPP

Eine zusammengefaltete Papierserviette auf kleine Frühstücksteller legen. Einige Gnocchi darauf geben, Holzstäbchen dazulegen und heiß servieren.

1 Pck. (450 g) TK-Hefeteig
1 kleiner Zweig Rosmarin
1/2 Bund Thymian
1 Knoblauchzehe
150 ml Olivenöl
2 TL grobes Meersalz

Für etwa 12 Portionen

HEFE-GNOCCHI MIT KRÄUTERSALZ

1 Pck. (450 g) TK-Hefeteig
4–6 Knoblauchzehen
250 g Mayonnaise
etwas Zitronensaft
Salz, Pfeffer
125 g grüne Oliven, entsteint
Frittierfett

1. Die Hefeteigplatten nebeneinander legen und 20 bis 30 Minuten auftauen lassen. Den Teig gut durchkneten und etwa 15 Minuten bei Zimmertemperatur abgedeckt gehen lassen.
2. Die Knoblauchzehen abziehen und durch eine Knoblauchpresse zur Mayonnaise drücken. Gut verrühren. Mit Zitronensaft, Salz und Pfeffer abschmecken.
3. Den Teig auf leicht bemehlter Arbeitsfläche etwa 2 mm dick ausrollen. Kreise von 5 bis 6 cm Ø ausstechen. Auf jeden Teigkreis 1 Olive geben und den Teig zu einem Halbmond über der Olive gut zusammendrücken. 30 bis 40 Minuten abgedeckt gehen lassen.
4. Das Frittierfett auf 175 °C erhitzen. Die Oliven darin portionsweise goldbraun frittieren. Auf Küchenpapier abtropfen lassen. Zusammen mit der Aïoli anrichten und sofort servieren.

FRITTIERTE OLIVEN MIT AÏOLI

Für 12 Portionen

SERVIERTIPP
Anstelle der Aïoli können Sie zu den Oliven auch eine fertig gekaufte, mexikanische Salsasauce reichen.

🟠 Zubereitungszeit: ca. 30 Minuten
Auftau- und Gehzeit:
1 Stunde und 10–20 Minuten

1. Den Thunfisch abtropfen lassen. Die Frühlingszwiebeln putzen, waschen und fein schneiden. Die Tomate abspülen und würfeln, dabei die Kernchen entfernen. Den Mozzarella würfeln. Die vorbereiteten Zutaten mit Kapern, Thymian und Olivenöl mischen. Mit Salz und Pfeffer würzen.
2. Den Backofen auf 200 °C (Gas Stufe 3–4, Umluft 180 °C) vorheizen. Die Dose nach Anweisung öffnen und den Teig entrollen. Den Teig zweimal quer in 3 Rechtecke schneiden. Die Füllung auf jedem Teigrechteck verteilen. Den Teig über die Füllung klappen und gut zusammendrücken.
3. Die Teigtaschen auf ein mit Backpapier ausgelegtes Backblech legen. Den Teig mehrmals mit einer Gabel einstechen. 15 bis 20 Minuten backen.

1 Dose (150 g) Thunfisch im eigenen Saft
2 Stiele Frühlingszwiebeln
1 Tomate
100 g Mozzarella
1 EL Kapern
1 TL Thymian (frisch oder getrocknet)
1 EL Olivenöl
Salz, Pfeffer
1 Dose (250 g) Pizzateig aus dem Kühlregal

KLEINE CALZONE
MIT THUNFISCHFÜLLUNG

Für 3 Stück

Arbeitszeit: ca. 20 Minuten
Backzeit: 15–20 Minuten

TIPP
Die Füllung wird besonders pikant, wenn Sie 2 bis 3 fein geschnittene Anchovisfilets darunter mischen.

1. Die Hefeteigplatten nebeneinander legen und 45 bis 60 Minuten auftauen lassen. Kurz durchkneten und 30 Minuten abgedeckt ruhen lassen.
2. Den Backofen auf 200 °C (Gas Stufe 3–4, Umluft 180 °C) vorheizen. Den Hefeteig auf leicht bemehlter Fläche 1 cm dick ausrollen. Kreise (9 cm Ø) ausstechen. Mit einem kleineren Ausstecher (3 cm Ø) ein Loch ausstechen, so dass Ringe entstehen. 1 Liter Wasser mit 1 Esslöffel Salz aufkochen. Die Teigringe auf einer Schaumkelle 30 Sekunden kochen. Auf ein mit Backpapier ausgelegtes Backblech legen und mit Sesam bestreuen. 15 bis 20 Minuten backen.
3. Frühlingszwiebeln und Radieschen putzen, waschen und fein schneiden. Frischkäse und Quark verrühren. Mit Salz und Pfeffer abschmecken. Frühlingszwiebeln und Radieschen darunter rühren. Die Bagels aufschneiden und damit füllen.

1 Pck. (450 g) TK-Hefeteig
Salz
2 EL Sesamsamen (ungeschält)
2 Stiele Frühlingszwiebeln
8 Radieschen
200 g Doppelrahm-Frischkäse
100 g Magerquark
Pfeffer

SESAM-BAGELS
MIT FRISCHKÄSECREME

Für etwa 8 Stück

Arbeitszeit: ca. 30 Minuten
Auftau- und Gehzeit:
1 Stunde und 25 Minuten
Backzeit: 15–20 Minuten

INFO
Bagels, die Brötchen mit dem Loch, sind das Trendgebäck aus den USA. Bagels eignen sich zum Füllen z. B. mit Lachs, Käse, Tomaten und Thunfisch.

1 Pck. (300 g) TK-Blattspinat
200 g Schafskäse
1 Knoblauchzehe
1 Msp. Kreuzkümmel
1 Bund Dill
1/2 Pck. (12 Stück) Yufka-Dreieck-Teigblätter
1 Eiweiß
ca. 1/2 l Pflanzenöl zum Braten

1. Den Spinat auftauen lassen. Auf ein Sieb geben, abtropfen lassen und vorsichtig ausdrücken.
2. Den Schafskäse mit einer Gabel zerdrücken. Den Knoblauch abziehen und dazupressen. Kreuzkümmel zufügen. Den Dill abbrausen, trockenschütteln und fein hacken. Zum Schafskäse geben und alles mischen.
3. Die Yufka-Teigblätter längs halbieren. Auf die abgerundete Seite des Teigdreiecks einige Spinatblätter legen und ca. 1 Teelöffel der Füllung darauf geben. Die Teigdreiecke zur Spitze hin aufrollen. Die Teigspitzen mit Eiweiß bepinseln und an die Teigröllchen drücken.
4. Das Öl in einer tiefen Pfanne erhitzen. Die Teigröllchen darin portionsweise goldbraun braten.

GEFÜLLTE TEIGRÖLLCHEN

Für 24 Stück

Arbeitszeit: ca. 45 Minuten
Auftauzeit: ca. 15 Minuten

TIPP
Fettgebackenes vor dem Servieren zum Entfetten auf Küchenpapier legen.

TIPP

Basilikum-Pesto können Sie auch leicht selbst herstellen. Geben Sie als erstes etwa 150 Milliliter Olivenöl in einen Mixer. Fügen Sie 80 Gramm grob geschnittene Basilikumblätter, 40 Gramm Pinienkerne, 40 Gramm Parmesanstückchen und 2 bis 3 grob gehackte Knoblauchzehen hinzu. Alles fein pürieren. Das Pesto soll leicht sämig sein. Eventuell noch etwas Olivenöl zufügen. Pesto hält sich einem gut verschlossenen Glas 3 bis 4 Wochen im Kühlschrank.

1. Den Backofen auf 200 °C (Gas Stufe 3–4, Umluft 180 °C) vorheizen. Die Dose nach Anweisung öffnen und den Teig entrollen. In beliebig große Dreiecke schneiden. Auf ein mit Backpapier ausgelegtes Backblech legen.
2. Die Teigdreiecke mit dem Pesto bepinseln. 12 bis 15 Minuten backen.
3. Die Räucherlachsscheiben auf den Pesto-Ecken verteilen und mit Basilikumblättchen garniert servieren.

Arbeitszeit: ca. 10 Minuten
Backzeit: 12–15 Minuten

1 Dose (250 g) Pizzateig aus dem Kühlregal
3 EL Basilikum-Pesto
100 g Räucherlachs, dünn geschnitten
Basilikumblätter zum Garnieren

Für 6 bis 8 Portionen

PESTO-ECKEN MIT RÄUCHERLACHS

SCHINKENSCHNECKEN
MIT GRÜNEM PFEFFER

Für etwa 20 Stück

Arbeitszeit: ca. 20 Minuten
Backzeit: 15–20 Minuten

100 g Edelpilzkäse
1 Eiweiß
1–2 TL eingelegte, grüne Pfefferkörner
30 g geriebener Parmesan
1 Bund glatte Petersilie
1 Rolle (230 g) Blätterteig aus dem Kühlregal
150 g gekochter Schinken, ohne Fettrand, dünn geschnitten

1. Edelpilzkäse und Eiweiß mit einer Gabel zerdrücken. Die Pfefferkörner grob hacken. Parmesan und Pfefferkörner darunter mischen. Die Petersilie abbrausen, trockenschütteln und die Blättchen von den Stielen zupfen.
2. Den Backofen auf 200–220 °C (Gas Stufe 4–5, Umluft 180–200 °C) vorheizen. Den Pizzateig auseinander rollen. Dünn mit der Edelpilzmischung bestreichen. Die Petersilienblättchen darauf verteilen und die Schinkenscheiben darauf legen.
3. Den Teig aufrollen. In etwa 1 cm breite Scheiben schneiden. Auf ein mit Backpapier ausgelegtes Backblech legen. 15 bis 20 Minuten backen. Die Schinkenschnecken schmecken am besten frisch.

TIPP
Statt Schinken können Sie auch Mettwurst oder Salami nehmen.

FRÜHLINGSROLLEN

Für 24 Stück

◐ **Arbeitszeit: ca. 30 Minuten**
Auftauzeit: 45–60 Minuten

1. Die Teigblätter 45 bis 60 Minuten antauen lassen. 24 Teigblätter entnehmen. Die übrigen können wieder eingefroren werden.
2. Die Krabben fein hacken. Die Frühlingszwiebeln putzen, waschen und fein schneiden. Die Möhre schälen und in sehr feine Streifen schneiden. Den Ingwer schälen und fein hacken. Die Zutaten für die Füllung mischen und mit etwas Salz und Pfeffer abschmecken.
3. Auf jedes Teigblatt etwas von der Füllung geben, so dass ein 2 cm breiter Teigrand frei bleibt. Die Teigränder mit Eiweiß bepinseln. Die Teigränder an zwei gegenüberliegenden Seiten einschlagen und die Füllung mit dem Teig aufrollen.
4. Frittierfett auf 175 °C erhitzen. Die Frühlingsrollen darin portionsweise goldbraun frittieren. Sojasauce und Chilisauce in kleine Schälchen geben und zusammen mit den Frühlingsrollen anrichten.

1 Pck. TK-Teigblätter für Frühlingsrollen, 12,5 x 12,5 cm (erhältlich in Asiengeschäften)
100 g Krabbenfleisch
2 Stiele Frühlingszwiebeln
1 Möhre
1 haselnussgroßes Stück Ingwer
Salz, Pfeffer
1 Eiweiß
Frittierfett
Sojasauce und Chilisauce zum Anrichten

TIPP
Statt der Krabben können Sie auch gebratenes Hähnchenbrustfilet oder Entenbrustfilet (ohne Haut) nehmen. Für die Füllung ebenfalls fein hacken.

PARTYTIME

HERZHAFTES VOM BLECH

1 Pck. (450 g) TK-Pizzateig
je 1 grüne und rote
Paprikaschote
100 g Champignons
4 Tomaten
6 EL Tomatenmark
2 EL Olivenöl
einige Spritzer Tabasco
Salz, Pfeffer
100 g gekochter Schinken,
in Scheiben
2 TL Thymian
(frisch oder getrocknet)
6 Peperoni
(mild oder scharf)
250 g Mozzarella

1. Die Teigplatten nebeneinander legen und 20 bis 30 Minuten auftauen.
2. Die Paprikaschoten vierteln, putzen und waschen. Paprika in Streifen schneiden. Champignons putzen und blättrig schneiden. Tomaten waschen und in Scheiben schneiden.
3. Den Backofen auf 200 °C (Gas Stufe 3–4, Umluft 180 °C) vorheizen. Den Teig auf einem mit Backpapier ausgelegtem Backblech ausrollen. Die Teigränder etwas hoch drücken. Das Tomatenmark mit Olivenöl und Tabasco verrühren, mit Salz und Pfeffer abschmecken.
4. Tomatenmark auf den Teig streichen. Die vorbereiteten Zutaten, den Schinken, Thymian und die Peperoni darauf verteilen. Mozzarella in Scheiben schneiden und darauf legen. 30 bis 35 Minuten backen.

PIZZA PICCANTE
Für etwa 12 Stück

Arbeitszeit: ca. 25 Minuten
Auftauzeit: 20–30 Minuten
Backzeit: 30–35 Minuten

TIPP
Sie können die Pizza außerdem noch mit Oliven und einigen Sardellenfilets belegen.

1. Die Gemüsezwiebeln abziehen und in dünne Ringe schneiden. Den Speck fein würfeln. Pflanzenöl erhitzen. Die Speckwürfel darin knusprig ausbraten. Die Zwiebeln zugeben und unter Wenden etwa 15 Minuten dünsten. Die Kräuter abbrausen, Petersilie hacken, Thymianblättchen abzupfen. Die Kräuter unter die Zwiebeln mischen und mit Salz und Pfeffer abschmecken.
2. Den Backofen auf 200 °C (Gas Stufe 3–4, Umluft 180 °C) vorheizen. Die Backform fetten. Den Teig auf leicht bemehlter Fläche etwas größer als die Form ausrollen. Den Teig in die Form legen und den Rand etwas hoch drücken.
3. Die Zwiebeln darauf verteilen. Die Eier mit Crème fraîche verrühren. Mit etwas Salz und Pfeffer abschmecken. Über den Zwiebeln verteilen. 30 bis 40 Minuten backen.

2 Gemüsezwiebeln
150 g durchwachsener, geräucherter Speck
2 EL Pflanzenöl
1 Bund Petersilie
1/2 Bund Thymian
Salz, Pfeffer
1 Pck. (400 g) Snack-Teig aus dem Kühlregal
4 Eier
1 Becher (125 g) Knoblauch-Crème-fraîche

ZWIEBELKUCHEN

Für 1 Pie- oder Pizza-Backform von 28 cm Ø

Arbeitszeit: ca. 40 Minuten
Backzeit: 30–40 Minuten

TIPP

Der Zwiebelkuchen bekommt ein raffiniertes Anisaroma, wenn Sie die gedünsteten Zwiebeln mit einem kleinen Schuss Anisschnaps vermengen.

KARTOFFEL-TORTILLA-KUCHEN
MIT SHRIMPS

Für 1 Pizza-Backform von 28 cm Ø

Arbeitszeit: ca. 20 Minuten
Backzeit: 40–45 Minuten

500 g Kartoffeln, fest kochend
1 Bund Frühlingszwiebeln
1 Rolle (230 g) Pizzateig aus dem Kühlregal
Salz
Cayennepfeffer
150 g Shrimps, gekocht, ohne Schale
4 Eier
8–10 Cherrytomaten
Schnittlauchröllchen zum Bestreuen

1. Die Kartoffeln waschen und mit Schale 10 Minuten vorkochen. Kartoffeln pellen und in hauchdünne Scheiben schneiden. Die Frühlingszwiebeln putzen, waschen und in Stücke schneiden.
2. Den Backofen auf 200 °C (Gas Stufe 3–4, Umluft 180 °C) vorheizen. Den Teig entrollen. Die Backform fetten und mit dem Teig auslegen. Die Kartoffelscheiben mit Salz und Cayennepfeffer leicht würzen. Zusammen mit den Frühlingszwiebeln und den Shrimps auf dem Teig verteilen.
3. Die Eier verquirlen. Mit etwas Salz und Cayennepfeffer abschmecken und darüber gießen. Die Cherrytomaten waschen, halbieren und darauf geben. 40 bis 45 Minuten auf der untersten Schiene im Backofen backen. Mit Schnittlauchröllchen bestreut servieren.

SERVIERTIPP

Den Tortilla-Kuchen können Sie in mundgerechte Stücke schneiden, auf kleinen Papierservietten anrichten und als Snack zu einem Glas Wein oder Bier reichen.

SPAGHETTI-PIZZA MIT ARTISCHOCKEN

Für 4 bis 6 Portionen

⏱ **Arbeitszeit: ca. 20 Minuten**
Backzeit: 20–25 Minuten

Zutaten

- 100 g Spaghetti
- Salz
- 1 Dose (240 g) Artischockenherzen
- 1 Pck. (400 g) Pizzateig aus dem Kühlregal
- 4 EL Olivenöl
- 6 EL Tomatenmark
- 1 TL Pizzagewürz
- 1 Knoblauchzehe
- Pfeffer
- 250 g Mozzarella
- Basilikumblättchen zum Garnieren

Zubereitung

1. Die Spaghetti in 2 Liter gesalzenem Wasser nach Anweisung bissfest garen. Die Artischockenherzen abtropfen lassen.

2. Den Backofen auf 200 °C (Gas Stufe 3–4, Umluft 180 °C) vorheizen. Den Teig auf einem mit Backpapier ausgelegtem Backblech etwa 3 mm dick ausrollen. Olivenöl mit Tomatenmark und Pizzagewürz verrühren. Die Knoblauchzehe abziehen und dazu pressen. Mit Salz und Pfeffer würzen. Den Teigboden mit etwas von dem gewürzten Tomatenmark bestreichen.

3. Die Spaghetti abgießen und abtropfen lassen. Mit dem restlichen gewürzten Tomatenmark vermengen. Auf dem Teig verteilen. Die Artischocken darauf geben. Den Mozzarella in Scheiben schneiden und darauf legen. 20 bis 25 Minuten backen. Mit Basilikumblättchen garniert servieren.

TIPP

Für die Spaghetti-Pizza lassen sich prima Nudelreste verwenden, egal ob Spaghetti, Makkaroni oder Hörnchennudeln.

1. Die Hefeteigplatten nebeneinander legen und 20 bis 30 Minuten auftauen lassen. Den Teig durchkneten und zugedeckt etwa 30 Minuten ruhen lassen.
2. Den Backofen auf 200–220 °C (Gas Stufe 4–5, Umluft 180–200 °C) vorheizen. Den Teig auf einem mit Backpapier ausgelegtem Backblech zu einem Oval oder einem Kreis etwa 1 1/2 cm dick ausrollen. Den Teig mit einer Gabel im Abstand von 5 cm einstechen.
3. Olivenöl und Kräuter verrühren und den Teig damit bepinseln. Oliven und Walnüsse in den Teig drücken. Sardellen abspülen und trockentupfen. Den Teig mit Sardellen und Rosmarinzweigen belegen. Abgedeckt 30 Minuten gehen lassen.
4. Den Teig mit grobem Salz bestreuen und etwa 20 Minuten backen.

1 Pck. (450 g) TK-Hefeteig
6–8 EL Olivenöl
2 TL Kräuter der Provence, getrocknet
10 schwarze Oliven, entsteint
10 Walnusskernhälften
12 Sardellenfilets aus dem Glas
einige kleine Zweige Rosmarin
etwas grobes Meersalz

PROVENZALISCHES FLADENBROT

Für 8 bis 10 Portionen

Arbeitszeit: ca. 15 Minuten
Auftau- und Gehzeit: ca. 1 Stunde und 30 Minuten
Backzeit: ca. 20 Minuten

SERVIERTIPP

Das Fladenbrot können Sie mit einer Frischkäsecreme zu einem Glas Wein reichen. Gut passt auch ein leichter Salat dazu. Mit kurz gebratenem Fleisch wird daraus eine komplette Mahlzeit.

1 Pck. (450 g) TK-Pizzateig
1 Zwiebel
1 grüne Paprikaschote
3 EL Pflanzenöl
500 g Sauerkraut
2 Scheiben (je 1 cm dick) Kasseler-Aufschnitt
2 Becher (à 200 g) Schmand
3 Eier
Salz, Pfeffer
1–2 EL Edelsüß-Paprikapulver
1 TL Kümmel

1. Die Teigscheiben nebeneinander legen und 20 bis 30 Minuten zugedeckt auftauen lassen.
2. Die Zwiebel abziehen. Die Paprikaschote vierteln, putzen und waschen. Zwiebel und Paprika würfeln. Das Pflanzenöl erhitzen. Zwiebeln und Paprika darin andünsten. Sauerkraut mit einer Gabel zerpflücken und darunter mischen. Zugedeckt 15 Minuten dünsten.
3. Den Backofen auf 200 °C (Gas Stufe 3–4, Umluft 180 °C) vorheizen. Den Kasseler würfeln. Die Teigscheiben übereinander legen und in Größe der Fettpfanne auf leicht bemehlter Fläche ausrollen. Die Fettpfanne mit Backpapier auslegen. Den Teig hineinlegen, am Rand hoch drücken.
4. Sauerkraut und Kasseler darauf verteilen. Schmand und Eier verrühren. Kräftig mit Salz, Pfeffer, Paprikapulver und Kümmel abschmecken. Über dem Sauerkraut verteilen und etwa 30 Minuten backen.

SAUERKRAUT-QUICHE

Für 12 bis 16 Stück

Arbeitszeit: ca. 25 Minuten
Auftauzeit: 20–30 Minuten
Backzeit: ca. 30 Minuten

TIPP
Die Sauerkraut-Quiche nach dem Backen mit in wenig Öl frittierten Majoranblättchen bestreuen.

1. Die Blätterteigplatten nebeneinander legen und etwa 15 Minuten auftauen lassen. Den Spargel waschen und das untere Drittel der Spargelstangen schälen. Die Enden großzügig abschneiden. Die Spargelstangen in Salzwasser 2 Minuten blanchieren. Abgießen, mit kaltem Wasser abschrecken und gut abtropfen lassen.
2. Den Backofen auf 200 °C (Gas Stufe 3–4, Umluft 180 °C) vorheizen. Die Blätterteigplatten übereinander legen und auf leicht bemehlter Fläche etwas größer als die Backform ausrollen. Die Form damit auslegen. Den Teig mit Grieß bestreuen.
3. Den Schinken in Stücke schneiden. Den Spargel auf dem Teig verteilen. Den Schinken dazwischen legen. Mit Pfeffer bestreuen. Die Eier mit der Milch verrühren. Leicht salzen und pfeffern. Über den Spargel gießen und mit Käse bestreuen. Auf der untersten Einschubleiste des Backofens 35 bis 40 Minuten backen.

1 Pck. (450 g) TK-Blätterteig
500 g grüner Spargel
Salz
2 EL Grieß
100 g Katenschinken, dünn geschnitten
Pfeffer
2 Eier
100 ml Milch
75 g geriebener Käse, z. B. Gouda oder Emmentaler

SPARGEL-TARTE

Für 1 Pizza-Backform von 28 cm Ø

Arbeitszeit: ca. 25 Minuten
Backzeit: 35–40 Minuten

TIPP

Die Tarte wird besonders pikant, wenn Sie noch etwas Edelpilzkäse, z. B. Roquefort oder Gorgonzola, in kleinen Stückchen zwischen den Spargel geben.

VERFÜHRERISCH

SÜSSES KLEINGEBÄCK

ERDNUSS-MUFFINS

Für 12 Stück

 Arbeitszeit: ca. 15 Minuten
Backzeit: 25–30 Minuten

100 g Erdnüsse (ungesalzen)
50 g Belegkirschen
1 Pck. (500 g) Rührteig aus dem Kühlregal
4 EL Zucker
2 EL Wasser

Außerdem:
12 Papierbackförmchen

1. Den Backofen auf 200 °C (Gas Stufe 3–4, Umluft 180 °C) vorheizen. Die Erdnüsse grob hacken. Die Belegkirschen vierteln.
2. Die Papierbackförmchen in die Mulden eines Muffinblechs setzen. Erdnüsse und Kirschen unter den Rührteig mischen. Die Backförmchen zur Hälfte mit dem Teig füllen. 25 bis 30 Minuten backen.
3. Den Zucker und das Wasser zu goldbraunem Karamell kochen. Die Muffins damit beträufeln und auskühlen lassen.

TIPP

Karamell in einem kleinen Edelstahltopf kochen, da auf dem hellen Topfboden die Färbung des Karamells besser sichtbar wird, als in einem dunklen Kochgeschirr. Karamellrückstände mit Wasser loskochen.

1. Die Amarenakirschen abtropfen lassen. Die Pinienkerne in einer versiegelten Pfanne rösten. Einige Pinienkerne grob hacken und beiseite legen. Den Rest in einem elektrischen Zerkleinerer mahlen.
2. Den Backofen auf 200 °C (Gas Stufe 3–4, Umluft 180 °C) vorheizen. Die Dose mit dem Teig nach Anweisung öffnen und den Teig entrollen. Die gemahlenen Pinienkerne mit dem steif geschlagenem Eiweiß verrühren. Die Amarenakirschen darunter heben.
3. Etwas von der Füllung auf jedes Teigdreieck geben und aufrollen. Auf ein mit Backpapier ausgelegtes Backblech legen und dabei die Teigrollen zu Hörnchen biegen. Mit den restlichen gehackten Pinienkernen bestreuen. 12 bis 15 Minuten backen.

1 Glas (90 g) Amarenakirschen ersatzweise Schattenmorellen
60 g Pinienkerne
1 Dose (250 g) Croissants aus dem Kühlregal
1 Eiweiß

PINIENKERN-CROISSANTS
MIT AMARENAKIRSCHEN

Für 6 Stück

Arbeitszeit: ca. 20 Minuten
Backzeit: 12–15 Minuten

TIPP
Statt der Pinienkerne können Sie auch Mandeln, Walnüsse oder Haselnüsse nehmen.

1 Pck. (400 g) Mürbeteig aus dem Kühlregal
2 EL Orangenmarmelade
1 Eiweiß
1 Tüte (30 g) fertiges Popcorn
Puderzucker zum Bestäuben

1. Den Backofen auf 200 °C (Gas Stufe 3–4, Umluft 180 °C) vorheizen. Den Mürbeteig auf einer leicht bemehlten Arbeitsfläche dünn ausrollen. Kreise von 5 cm Ø ausstechen.
2. Auf die Hälfte der Kreise in die Mitte etwas Orangenmarmelade geben. Übrige Teigkreise mit Eiweiß bepinseln. Je einen bepinselten Teigkreis auf einen Orangentaler legen und die Ränder andrücken.
3. Die Taler auf ein mit Backpapier ausgelegtes Backblech legen. Mit Eiweiß bepinseln und das Popcorn darauf verteilen. Leicht andrücken. Etwa 15 Minuten backen. Mit Puderzucker bestäuben.

POPCORN-TALER

Für etwa 20 Stück

Arbeitszeit: ca. 20 Minuten
Backzeit: 15 Minuten

VARIANTE

Für einen Kindergeburtstag einfache Mürbeteigplätzchen backen. Mit bunt gefärbtem Puderzuckerguss bepinseln und Popcorn darauf kleben.

Für etwa 50 Stück
FLORENTINER

1. Die Nüsse grob hacken und kurz anrösten. Honig, Kondensmilch und Butter zugeben, alles mischen und 1 bis 2 Minuten unter Rühren erhitzen.
2. Die Orange abspülen, trockentupfen und die Schale dünn abschälen. Die Orangenschale in dünne Streifen schneiden. Die Belegkirschen vierteln. Beides unter die Nussmischung rühren.
3. Den Backofen auf 200 °C (Gas Stufe 3–4, Umluft 180 °C) vorheizen. Den Mürbeteig auf einem mit Backpapier ausgelegtem Backblech dünn ausrollen. Die Nussmischung darauf verteilen. 15 bis 20 Minuten backen.
4. Sofort nach dem Backen den Mürbeteig in 5 x 5 cm große Stücke schneiden oder in entsprechend großen Talern ausstechen.

Arbeitszeit: ca. 10 Minuten
Backzeit: 15–20 Minuten

TIPP
Sie können die Unterseite der Florentiner mit geschmolzener Schokoladen- oder Haselnussglasur bestreichen.

125 g Haselnusskerne (ohne Schale)
125 g abgezogene Mandeln
2 EL Honig
4 EL Kondensmilch
2 EL Butter
1 Orange (unbehandelt)
50 g Belegkirschen
1 Pck. (400 g) Mürbeteig aus dem Kühlregal

TEIGTASCHEN
MIT QUARKFÜLLUNG

Für 12 Stück

Arbeitszeit: ca. 20 Minuten
Auftauzeit: ca. 15 Minuten
Backzeit: 15–20 Minuten

1 Pck. (450 g) TK-Blätterteig
250 g Speisequark, 20% Fett i. Tr.
2 EL Grieß
1 EL Zucker
50 g Rosinen
1 Ei
2 EL Milch
2 EL Mandelblättchen

1. Die Blätterteigplatten nebeneinander legen und etwa 15 Minuten auftauen lassen.
2. Den Backofen auf 200 °C (Gas Stufe 3–4, Umluft 180 °C) vorheizen. Jeweils 3 Teigplatten übereinander legen und auf leicht bemehlter Fläche zu einem Rechteck von 24 x 36 cm ausrollen. Dann Quadrate von 12 x 12 cm ausschneiden.
3. Den Quark mit Grieß, Zucker und Rosinen verrühren. Das Ei trennen. Den Teig mit Eiweiß bepinseln und die Ecken zur Mitte einschlagen. In die Mitte 1 Esslöffel Quark geben. Eigelb und Milch verrühren. Den Teig mit dem Eigelb bepinseln und mit Mandelblättchen bestreuen.
4. Die Teigtaschen auf ein mit Backpapier ausgelegtes Backblech setzen. 15 bis 20 Minuten backen.

VARIANTE
Die Teigtaschen können Sie statt mit Quark auch mit Vanillepudding zubereiten.

1. Die Teigplatten nebeneinander legen und etwa 15 Minuten auftauen lassen. Die Butter mit Zucker und Zimt vermengen.
2. Jeweils 3 Blätterteigplatten übereinander legen und zu einem Rechteck von 22 x 32 cm ausrollen. Die Platten mit der Zimtbutter bestreichen. Von den kurzen Seiten bis zur Mitte hin einrollen. Auf ein Tablett legen und 1 Stunde in den Kühlschrank stellen.
3. Den Backofen auf 200 °C (Gas Stufe 3–4, Umluft 180 °C) vorheizen. Ein Backblech mit Backpapier auslegen. Die Teigrollen in 1 cm breite Scheiben schneiden und mit Abstand aufs Blech legen. Mit Hagelzucker bestreuen. 15 bis 18 Minuten backen. Frisch verzehren.

1 Pck. (450 g) TK-Blätterteig
50 g weiche Butter
2 EL Zucker
2 TL Zimt
Hagelzucker zum Bestreuen

ZIMTÖHRCHEN

Für etwa 34 Stück

Arbeitszeit: ca. 20 Minuten
Auftau- und Kühlzeit:
ca. 1 Stunde und 10 Minuten
Backzeit: 15–18 Minuten

VARIANTE
Die Blätterteig-Öhrchen bekommen mit Lebkuchengewürz statt mit Zimt ein herrliches Weihnachtsaroma. Allerdings ist 1 Teelöffel Lebkuchengewürz dann ausreichend.

1. Den Backofen auf 200 °C (Gas Stufe 3–4, Umluft 180 °C) vorheizen. Den Mürbeteig auf einer leicht bemehlten Fläche 2 bis 3 mm dick ausrollen. Die Tortelettförmchen damit auslegen. Den Teig mit einem Stück Backpapier belegen und die getrockneten Erbsen darauf geben. 12 bis 15 Minuten backen. Erbsen und Backpapier abnehmen und die Torteletts weitere 5 Minuten backen.
2. Orangenmarmelade mit Likör verrühren. Die Torteletts damit auspinseln und mit 4 Esslöffel Kokosraspeln ausstreuen. Die Sahne steif schlagen, dabei den Vanillezucker einrieseln lassen. In einen Spritzbeutel füllen und in jedes Tortelett einen dicken Sahnetupfen spritzen.
3. Die Erdbeeren abspülen, putzen und halbieren. Die Orange schälen und filetieren. Die Früchte in die Torteletts geben und mit Kokosraspeln und den Pistazien bestreuen.

1 Pck. (400 g) Mürbeteig aus dem Kühlregal
250 g getrocknete Erbsen zum Blindbacken
2 EL Orangenmarmelade
1 EL Orangenlikör
5 EL Kokosraspel
250 g Sahne
2 Pck. Vanillezucker
250 g Erdbeeren
1 Orange
2 TL gehackte Pistazien

ERDBEER-KOKOS-TÖRTCHEN

Für 6 Tortelett-Förmchen von 12 cm Ø

Arbeitszeit: ca. 30 Minuten
Backzeit: ca. 20 Minuten

VARIANTE

Statt mit Erdbeeren und Orange können Sie die Torteletts mit in Weißwein gedünsteten Apfelstückchen zubereiten.

1 Pck. (400 g) frischer Yufkateig
(gibt's in türkischen oder griechischen Geschäften)
4 EL Butter
4 EL Hagebuttenkonfitüre
Saft von 1 Zitrone
100 g abgezogene, gemahlene Mandeln
1 Teebeutel Grüner Tee
125 g Honig
2 EL gehackte Pistazien

1. Die Yufkateigblätter so zurecht schneiden, dass sie in eine Auflaufform (etwa 25 x 15 cm) passen. Die Butter schmelzen, bis auf 2 Esslöffel mit Konfitüre und Zitronensaft verrühren.
2. Den Backofen auf 180 °C (Gas Stufe 2–3, Umluft 160 °C) vorheizen. Die Auflaufform mit Teigblättern auslegen, dabei jedes Blatt mit der Hagebuttenmischung bepinseln und mit Mandeln bestreuen. Die oberste Schicht sollte Teig sein. Mit der übrigen Butter bepinseln. Mit einem Messer die obersten Teigblätter in 3 x 3 cm große Quadrate schneiden und etwa 30 Minuten backen.
3. Den Teebeutel mit 1/8 Liter kochendem Wasser übergießen. 10 Minuten ziehen lassen. Den Tee mit dem Honig verrühren. Das heiße Gebäck mit dem Honig übergießen. Mit Pistazien bestreuen und auskühlen lassen. In die bereits markierten Stücke schneiden. Frisch verzehren.

HONIG-TEEGEBÄCK

Für etwa 40 Stück

Arbeitszeit: ca. 30 Minuten
Backzeit: ca. 30 Minuten

TIPP

Statt mit Mandeln können Sie das Gebäck mit Haselnüssen oder Walnüssen, die einen kräftigeren Geschmack haben, zubereiten.

1. Die Datteln sehr fein würfeln und in der erhitzten Butter ca. 3 Minuten andünsten. 2 Esslöffel Rosenwasser oder Rum zugeben und 1 bis 2 Minuten garen. Die Haselnüsse sehr fein hacken. Einige beiseite legen. Die übrigen unter die Datteln mischen.
2. Den Backofen auf 200 °C (Gas Stufe 3–4, Umluft 180 °C) vorheizen. Den Mürbeteig in 2 Portionen auf einer leicht bemehlten Fläche etwa 2 mm dünn ausrollen. 6 bis 7 cm große Kreise ausstechen. Jeweils von der Füllung etwas in die Mitte geben. Den Teigrand mit Eiweiß bepinseln. Den Teig zu Halbmonden über die Füllung klappen und die Ränder mit einer Gabel festdrücken. 14 bis 16 Minuten backen. Auskühlen lassen.
3. Den Puderzucker sieben und mit dem restlichen Rosenwasser oder Rum und etwas Wasser zu einem Guss verrühren. Die Plätzchen damit bepinseln und mit den restlichen Haselnüssen bestreuen.

150 g getrocknete Datteln
1 EL gesalzene Butter
4 EL Rosenwasser oder Rum
40 g abgezogene Haselnusskerne
1 Pck. (400 g) Mürbeteig aus dem Kühlregal
1 Eiweiß
125 g Puderzucker

DATTELPLÄTZCHEN

Für etwa 30 Stück

Arbeitszeit: ca. 30 Minuten
Backzeit: 14–16 Minuten

INFO

Rosenwasser wird in der türkischen und arabischen Küche zum Parfümieren von süßen und pikanten Speisen verwendet. In gut sortierten Lebensmittelabteilungen, türkischen Geschäften und Apotheken erhältlich.

DIE RENNER

SAFTIGE KUCHEN, PIES UND TARTES

1 Pck. (450 g) TK-Hefeteig
1 kg Zwetschgen
Fett für die Form
3 Eier
2 EL Zucker
250 g Schmand
80 g Früchtemüsli

1. Die Teigscheiben nebeneinander legen und 45 bis 60 Minuten auftauen lassen. Teig gut durchkneten. 15 Minuten bei Zimmertemperatur zugedeckt ruhen lassen.
2. Die Zwetschgen waschen, halbieren und entsteinen.
3. Den Teig etwas größer als die Backform ausrollen. Die Backform fetten und mit dem Teig auskleiden, dabei den Teig am Rand hoch drücken. Mit Zwetschgen belegen und 45 Minuten gehen lassen.
4. Den Backofen auf 200 °C (Gas Stufe 2–3, Umluft 180°C) vorheizen. Eier mit Zucker und Schmand verrühren und darüber gießen. Mit Früchtemüsli bestreuen. 30 bis 40 Minuten backen.

ZWETSCHGENKUCHEN

Für 1 Obstkuchenform von 28 cm Ø

Arbeitszeit: ca. 25 Minuten
Auftau- und Gehzeit: ca. 2 Stunden
Backzeit: 30–40 Minuten

INFO

Schmand ist ein stichfester Sauerrahm mit einem Fettgehalt von 24 %, der fein säuerlich schmeckt und etwas »leichter« als Crème fraîche mit etwa 30% Fettgehalt ist.

1. Den Backofen auf 200 °C (Gas Stufe 3–4, Umluft 180 °C) vorheizen. Die Schokolade fein hacken. Das Eiweiß steif schlagen, dabei nach und nach Zucker und Salz einrieseln lassen, bis eine feste Masse entstanden ist. Die gemahlenen Mandeln unterheben.
2. Die gehackte Schokolade unter den Teig rühren, Mandelbaiser unterheben. Den Teig in die gefettete, mit Mehl ausgestreute Backform füllen und etwa 45 Minuten backen. Den Kuchen nach etwa 30 Minuten abdecken. Nach dem Backen 15 Minuten in der Form abkühlen lassen. Zum Auskühlen auf ein Kuchengitter stürzen.
3. Die blättrigen Mandeln rösten. Die Schokoladenglasur nach Anweisung schmelzen. Den Kuchen damit überziehen und mit den Mandeln bestreuen.

1 Tafel (100 g) Mintschokolade
1 Eiweiß
40 g Zucker
1 Prise Salz
50 g gemahlene Mandeln
1 Pck. (500 g) Rührteig aus dem Kühlregal
Fett und Mehl für die Form
40 g blättrige Mandeln
1 Beutel (100 g) Schokoladenglasur

SCHOKO-NAPFKUCHEN
MIT MINTAROMA

Für 1 Napfkuchenform von 20 cm Ø

Zubereitungszeit: ca. 20 Minuten
Backzeit: ca. 45 Minuten

SERVIERTIPP
Besonders hübsch sieht es aus, wenn Sie den Kuchen auf der Tortenplatte mit frischen Minzezweigen dekorieren. Sie können die Blätter außerdem noch mit etwas Puderzucker bestäuben.

6–8 Äpfel, z. B. Boskop oder Jonagold
Fett für die Form
2 EL Sultaninen
2 EL Zucker
1 Pck. (400 g) Mürbeteig aus dem Kühlregal
1 Eigelb

1. Den Backofen auf 220 °C (Gas Stufe 4–5, Umluft 200 °C) vorheizen. Die Äpfel waschen, vierteln, das Kerngehäuse herausschneiden und die Äpfel schälen. Die Backform ausfetten. Die Äpfel dicht an dicht hineinlegen und mit Sultaninen und Zucker bestreuen.
2. Den Mürbeteig auf einer leicht bemehlten Arbeitsfläche etwa 2 cm größer als die Backform ausrollen.
3. Die Teigplatte über die Äpfel legen und den Teig am Formrand hinunter schieben. Eigelb verquirlen und den Teig damit bepinseln. Den Teig mehrmals mit einer Gabel einstechen. 25 bis 30 Minuten backen.

APPLE PIE

Für 1 Pieform von 28 cm Ø

Arbeitszeit: ca. 20 Minuten
Backzeit: 25-30 Minuten

SERVIERTIPP

Apple Pie schmeckt heiß oder kalt. Als besonderes Extra können Sie dazu Schlagsahne, Vanilleeis oder cremig-dicke Vanillesauce reichen.

1. Den Backofen auf 200 °C (Gas Stufe 3–4, Umluft 180 °C) vorheizen. Den Mürbeteig auf bemehlter Fläche etwas größer als die Backform ausrollen. Die eingefettete Form mit dem Teig auskleiden, dabei den Rand hoch drücken. Den Teig einstechen. Ein entsprechend großes Stück Backpapier auf den Teig legen. Erbsen darauf geben. 20 Minuten backen.
2. Zitronenschale abreiben. Eier, Eigelbe, Kondensmilch, Zitronenschale und -saft verrühren. Erbsen und Backpapier entfernen. Zitronen-Eier-Milch auf den Teig geben. 30 bis 40 Minuten backen. Auskühlen lassen.
3. Heidelbeeren säubern. Auf dem Kuchen verteilen. Tortenguss mit Saft und Zucker nach Anweisung zubereiten. Über die Beeren geben.

Arbeitszeit: ca. 20 Minuten
Backzeit: 50–60 Minuten

TIPP

Die Lemon Pie können Sie beliebig mit anderen Beeren belegen.

1 Pck. (400 g) Mürbeteig aus dem Kühlregal
Fett für die Form
500 g getrocknete Erbsen zum Blindbacken
3 Zitronen (unbehandelt)
2 Eier
2 Eigelbe
1 Dose (400 ml) gezuckerte Kondensmilch
100 ml Zitronensaft
500 g Heidelbeeren
1 Pck. roter Tortenguss
1/4 l roter Johannisbeersaft
2 EL Zucker

Für 1 Pieform von 26 cm Ø

LEMON PIE MIT HEIDELBEEREN

500 g Schattenmorellen
40 g Pistazienkerne
1 Pck. (500 g) Rührteig
aus dem Kühlregal
Fett für die Form
2 Eiweiße
2 TL Zitronensaft
80 g Zucker
1 Prise Salz
Puderzucker zum Bestäuben

1. Den Backofen auf 200 °C (Gas Stufe 3–4, Umluft 180 °C) vorheizen. Die Kirschen waschen und entsteinen. Die Pistazien fein hacken. Einige zum Garnieren beiseite legen.
2. Kirschen und Pistazien unter den Rührteig mischen. Den Teig in die gefettete Springform füllen und glatt streichen. 30 bis 35 Minuten backen.
3. Eiweiße mit Zitronensaft steif schlagen, dabei Zucker und Salz einrieseln lassen, bis eine feste Masse entstanden ist. In einen Spritzbeutel mit Lochtülle füllen. Den Kuchen aus dem Backofen nehmen und mit Baisertupfen bespritzen. Weitere 10 Minuten backen.
4. Den Kuchen 10 bis 15 Minuten in der Form auskühlen lassen. Dann aus der Form nehmen und auf einem Kuchengitter auskühlen lassen. Mit Puderzucker bestäuben und mit den restlichen Pistazien bestreuen.

KIRSCHKUCHEN »SURPRISE«

Für 1 Springform von 22 cm Ø

Arbeitszeit: ca. 20 Minuten
Backzeit: 40–45 Minuten

SERVIERTIPP
Dazu schmeckt Schlagsahne, die mit Eierlikör oder Amaretto verfeinert wird.

1. Den Backofen auf 200 °C (Gas Stufe 3–4, Umluft 180 °C) vorheizen. Den Rührteig in die gefettete, bemehlte Springform geben.
2. Mohn-Fix mit Quark und Vanillepuddingpulver verrühren. Die Masse esslöffelweise in den Teig drücken. Mit Hagelzucker bestreuen. 50 bis 55 Minuten backen. Den Kuchen 15 Minuten in der Form ruhen lassen. Dann auf einem Kuchengitter auskühlen lassen.
3. Johannisbeergelee erhitzen und den Kuchen damit bepinseln. Den Granatapfel auseinander brechen. Die Kerne herauslösen und auf den Kuchen streuen.

1 Pck. (500 g) Rührteig aus dem Kühlregal
Fett und Mehl für die Form
1 Beutel (250 g) Mohn-Fix
250 g Speisequark, 20% Fett i. Tr.
1 Pck. Vanillepuddingpulver
2 EL Hagelzucker
2 EL Johannisbeergelee
1 Granatapfel

QUARK-MOHNKUCHEN
MIT GRANATAPFELKERNEN
Für 1 Springform von 22 cm Ø

Arbeitszeit: ca. 15 Minuten
Backzeit: 50–55 Minuten

TIPP
Den heißen Kuchen mit Rum oder Aprikosenlikör tränken.

MARZIPAN-TARTES
MIT BEEREN

Für 4 Obstkuchenformen von 18 cm Ø

Arbeitszeit: ca. 35 Minuten
Auftauzeit: ca. 15 Minuten
Backzeit: 15–20 Minuten

1. Die Teigplatten nebeneinander legen und etwa 15 Minuten auftauen lassen. Aus Puddingpulver, Milch und Zucker nach Anweisung einen Pudding kochen. Auskühlen lassen. Puderzucker sieben. Mit dem Marzipan verkneten und ausrollen. 4 Kreise (16–18 cm Ø) ausschneiden.
2. Den Backofen auf 200 °C (Gas Stufe 3–4, Umluft 180 °C) vorheizen. Die Blätterteigplatten übereinander legen und ausrollen. Die Backformen mit dem Blätterteig auslegen und 15 bis 20 Minuten backen.
3. Die Sahne steif schlagen und unter den Pudding heben. Den Blätterteig mit Gelee bepinseln. Die Marzipankreise darauf legen. Den Pudding darauf geben. Die Beeren säubern. Einige Johannisbeerrispen zuerst durch Eiweiß ziehen, dann im Zucker wälzen. Die übrigen Johannisbeeren von den Rispen streifen, die Erdbeeren halbieren. Die Beeren auf dem Pudding verteilen.

1 Pck. (450 g) TK-Blätterteig
1 Pck. Mandelpuddingpulver
3/8 l Milch
1–2 EL Zucker
75 g Puderzucker
150 g Marzipanrohmasse
125 g Sahne
3 EL rotes Johannisbeergelee
750 g gemischte Beeren
1 Eiweiß
Zucker zum Wälzen

TIPP
Marzipan lässt sich zwischen Klarsichtfolie leicht ausrollen – ohne zu kleben!

1 Pck. (400 g) Mürbeteig
aus dem Kühlregal
500 g getrocknete Erbsen
zum Blindbacken
4 Eier
50 g Zucker
1 Prise Salz
4 EL Amaretto
abgeriebene Schale von
1 Orange (unbehandelt)
150 g abgezogene,
gemahlene Mandeln
12 Backpflaumen, ohne Stein
Puderzucker zum Bestäuben

1. Den Backofen auf 200 °C (Gas Stufe 3–4, Umluft 180 °C) vorheizen. Den Mürbeteig etwas größer als die Springform ausrollen. Den Boden der Springform mit Backpapier auslegen. Die Form mit dem Mürbeteig auskleiden, dabei einen etwa 2 cm hohen Rand andrücken. Den Teig mehrmals einstechen. Ein Stück Backpapier auf den Teig legen und die Erbsen darauf geben. 15 bis 20 Minuten blindbacken. Die Erbsen und das Backpapier entfernen.
2. Die Eier trennen. Eiweiß steif schlagen. Die Eigelbe mit Zucker, Salz und Amaretto schaumig schlagen. Orangenschale und Mandeln unterrühren. Den Eischnee unterheben.
3. Die Mandelmasse auf dem Mürbeteig verteilen und die Backpflaumen hineinsetzen. 30 Minuten backen. Mit Puderzucker bestäubt servieren.

MANDELTORTE
MIT BACKPFLAUMEN
Für 1 Springform von 24 cm Ø

Arbeitszeit: ca. 25 Minuten
Backzeit: 45–50 Minuten

TIPP
Die Backpflaumen bekommen ein wunderbares Aroma, wenn sie mit etwas Amaretto über Nacht durchziehen.

1. 4 Scheiben Blätterteig etwa 15 Minuten auftauen lassen.
2. Den Backofen auf 200 °C (Gas Stufe 3–4, Umluft 180 °C) vorheizen. Den Blätterteig auf leicht bemehlter Arbeitsfläche ausrollen und die gefettete Form damit auslegen. 30 Minuten kalt stellen.
3. Den Blätterteig mehrmals mit einer Gabel einstechen. 20 Minuten backen. Den Backofengrill vorheizen. Den Boden mit Orangenmarmelade bestreichen. Orangen schälen und in Scheiben schneiden. Den Tortenboden damit belegen. Mit Kokoslikör beträufeln. Mit Mandeln bestreuen und mit Puderzucker bestäuben. 3 bis 5 Minuten grillen.

TIPP
Die restlichen Blätterteigscheiben können wieder eingefroren werden.

1 Pck. (450 g) TK-Blätterteig
etwas Mehl
Fett für die Form
2 EL Orangenmarmelade
2–3 Orangen
2 EL Kokoslikör mit weißem Rum
2 EL Mandelblättchen
2 EL Puderzucker

Arbeizszeit: ca. 15 Minuten
Auftauzeit: ca. 15 Minuten
Kühlzeit: 30 Minuten
Back- und Grillzeit: ca. 25 Minuten

Für 1 Obstkuchenbackform von 26 cm Ø

ORANGEN-TARTE

1 Pck. (400 g) Mürbeteig aus dem Kühlregal
500 g getrocknete Erbsen zum Blindbacken
1 Dose (240 g) Aprikosen
2 Eier
80 g Zucker
1 Prise Salz
1 Limette
250 g Ricotta (italienischer Frischkäse)
2 EL Pinienkerne
Puderzucker zum Bestäuben

1 Den Backofen auf 200 °C (Gas Stufe 3–4, Umluft 180 °C) vorheizen. Den Mürbeteig etwas größer als die Backform ausrollen. Den Boden der Form mit Backpapier auslegen. Den Teig in die Form geben und einen etwa 2 cm breiten Rand hoch drücken. Teig mehrmals einstechen. Ein Stück Backpapier darauf legen und die Erbsen darauf geben. Etwa 15 Minuten blindbacken. Danach Erbsen und Backpapier entfernen.

2 Die Aprikosen abtropfen lassen. Die Eier mit Zucker und Salz schaumig rühren. Limettenschale abreiben. Zusammen mit Ricotta unterrühren.

3 Die Aprikosen auf dem Teigboden verteilen. Die Ricottamasse darauf verteilen. 30 bis 40 Minuten backen. Nach etwa 10 Minuten Backzeit die Pinienkerne auf den Kuchen streuen. Auskühlen lassen und mit Puderzucker bestäuben.

APRIKOSEN-RICOTTA-KUCHEN

Für 1 Springform von 24 cm Ø

Arbeitszeit: ca. 25 Minuten
Backzeit: 45–50 Minuten

TIPP

Den Aprikosensaft sirupartig einkochen und 1 bis 2 Esslöffel fein geschnittene Minze untermischen. Den heißen Kuchen mehrmals einstechen und mit dem Sirup beträufeln.

IMPRESSUM

**Die Deutsche Bibliothek –
CIP-Einheitsaufnahme**

Ein Titeldatensatz für diese Publikation ist bei
Der Deutschen Bibliothek erhältlich.

Augustus Verlag München 2001
© Weltbild Ratgeber Verlage GmbH & Co. KG
Alle Rechte vorbehalten

Redaktion: Food Centrale, Hamburg
Gestaltung: Hovedkvarteret Grafisk Design,
Kopenhagen
Umschlagfoto und Foodfotos: Food Centrale,
Rolf Seiffe
People-Bilder: Umschlag: zefa/Meyer
S.8: zefa/Dennis Cooper; S. 28: IFA-Bilderteam/
Photex;, S. 38: IFA-Bilderteam/IT-tpl;
S. 50: gettyone Bavaria/VCL.
Satz und Repro: kaltnermedia GmbH
Druck und Bindung: Offizin Andersen Nexö,
Leipzig

Printed in Germany

ISBN 3-8043-6054-8

Gedruckt auf elementar chlorfrei
gebleichtem Papier

REZEPTEREGISTER

Apple Pie 54
Aprikosen-Ricotta-Kuchen 62

Bauern-Burger 18
Blätterteigplätzchen, Gefüllte 11

Calzone mit Thunfischfüllung, Kleine 21

Dattelplätzchen 49

Erdbeer-Kokos-Törtchen 47
Erdnuss-Muffins 40

Fladenbrot, Provenzalisches 35
Florentiner 43
Frühlingsrollen 27

Hefe-Gnocchi mit Kräutersalz 19
Honig-Teegebäck 48

Kartoffel-Tortilla-Kuchen mit Shrimps 32
Kirschkuchen »Surprise« 56

Lemon Pie mit Heidelbeeren 55

Mandeltorte mit Backpflaumen 60
Marzipan-Tartes mit Beeren 59
Mini-Pizzen, Bunte 13

Oliven mit Aïoli, Frittierte 20
Orangen-Tarte 61

Parmesan-Hippen mit Guacamole 10
Pesto-Ecken mit Räucherlachs 25
Pinienkern-Croissants mit
    Amarenakirschen 41
Pizza Piccante 30
Popcorn-Taler 42

Quark-Mohnkuchen mit
    Granatapfelkernen 57

Sauerkraut-Quiche 36
Schinkenschnecken mit grünem Pfeffer 26
Schoko-Napfkuchen mit Mintaroma 53
Sesam-Bagels mit Frischkäsecreme 23
Shiitake-Säckchen 16
Spaghetti-Pizza mit Artischocken 33
Spargel-Tarte 37

Tapas-Trio im Teigmantel, Kleines 13
Teigkörbchen mit Garnelensalat 14
Teigröllchen, Gefüllte 24
Teigtaschen mit Quarkfüllung 44

Zimtöhrchen 45
Zwetschgenkuchen 52
Zwiebelkuchen 31